Alles Liebe

Text und Bilder
Heidrun Päulgen

Gedichte,
die vom Leben, der Hoffnung
und der Sehnsucht nach Liebe erzählen.
Poetisch, ironisch, nachdenklich
und manchmal mit einem Augenzwinkern

Herstellung und Verlag:
BoD – Books on Demand, Norderstedt
ISBN: 9783756828357

Loslassen,
Freude am Hier und Jetzt
Den Augenblick leben
Sein, einfach Sein.
Glück im Kleinen,
ganz gross.

Atmen und loslassen

Im Hoffnungslosen
keimt der Hoffnungsschimmer,
durchbricht der Sorge Ungemach,
drängt sich ins Herz,
und immer vertreibt er Weh und Ach.
Trotz dir ein Lächeln ins Gesicht,
es gibt kein Leben ohne Sorgen.
Sie kommen heute oder morgen,
doch ohne Hoffnung gehen sie nicht.

Alles wird gut!
Ich mal dir einen Regenbogen

Einst zog ich aus das Glück zu finden,
den Koffer voller Illusionen
und Wünschen, die mir innewohnen.
Für Freiheit und Gerechtigkeit
schien mir kein Weg zu weit.
Ich wollte Mensch sein unter Menschen,
wo nur das Herz den Wert bestimmt,
und Heimat finden in der Fremde
und Fremde, die mir Freunde sind.
Die Illusion ist noch im Koffer,
die Wünsche sind mit Salz bestreut.
Was übrigbleibt, dass ist die Hoffnung,
doch die ist leider auch verbeult.

Wenn der Tag sich neigt dem Ende
und die Nacht beginnt,
leuchten tausend Sterne
hoffnungsweisend aus der Ferne
schweigend in die Dunkelheit
Ewigkeiten voller Träume,
Hoffnung und Erinnerung
verlieren sich in dunklen Räumen,
wenn die Nacht beginnt.
Dann werden Wünsche zu Gebeten,
die festgeklammert an Kometen
in ungeahnte Welten schweben.
Mögen Engel sie begleiten
zum Jahrmarkt der Gelegenheiten.
Wünsche ohne Wiederkehr,
im Sternenmeer.

Das Fest
Aufstehen

Hoffnung,
auch wenn die Welt
ein bisschen Kopf steht

Wenn's um mich dunkel ist,
dann will ich mich erinnern...
An Sonnenstrahlen, die auf Lorbeer schimmern
und Vogel Zwitschern, im Geäst,
– ein Frühlings Fest.
Und daran, dass die Bäume sprießen,
und es grünt, auf allen Wiesen.
Wenn's um mich dunkel ist,
dann will ich mich erinnern...
An Worte, die mir Hoffnung machten
an Späße, über die wir lachten,
an Menschen die mir wichtig sind
und an den warmen Sommerwind.
Wenn's um mich dunkel ist,
dann will ich nicht verzagen,
will Gott nicht klagen.
Ich will an Liebe denken und an Glück,
dann kommt das Licht zu mir zurück.

Es geht weiter,
wirst schon sehn,
unter festgefrorenem Boden
auf dem Acker, wo wir stehn
keimt schon neues Leben.
Es geht weiter, wirst schon sehn.
Die Hoffnung lebt, auch wenn wir gehen.

Ach die Liebe,
wenn sie so bliebe
wie am allerersten Tag.
Mit bittersüssem Rausch
und Schmetterlingen, die im Bauch
für Glücksgefühle sorgen.
Denk gar nicht erst an morgen
und an den Tag danach,
an dem der Rausch dem Kater weicht
und jeder Tag dem anderen gleicht.
Wo plötzlich alles so banal,
so selbstverständlich und so fahl,
Ach die Liebe,
wenn sie doch einfach bliebe.
Schön wie am allerersten Tag.
Eine Liebesfrischekur
bringt sie sicher auf die Spur,
auch ein Kuss - Kurs kann es richten,
ein Workshop zum Gedichte dichten,
die das Herz zum schwingen bringen.
Vielleicht ein Lied gemeinsam singen?
Oder nur ein kleiner Satz:,
Ich liebe dich , mein Schatz.

Ich hab mir ein Bild von dir gemacht,
nicht auf Pappe und Papier,
auch nicht aus Stein geschlagen.
Ein Bild in sanften Farben,
warm und freundlich, ohne Rahmen.
Hab mir ein Bild von dir gemacht
und trage es im Herzen.

Ich liebe den Menschen in dir,
nicht dass, was dich schmückt.
Den Klang deiner Stimme,
wie du lachst, deinen Blick.
Wie du mich anschaust
und mich berührst,
dich für mein Leben interessierst.
Das du mir blind vertraust,
einerlei was ich tu,
so bist du.
Ich liebe den Menschen in dir
und jeder Augenblick mit dir
ist Glück.

feel good

Spiegel,
Ich zeig dir mein Gesicht,
in der Hoffnung, dass du gütig bist
mit dem Bild, das er reflektiert.
Die Schattenseiten verschweigt,
die Lebensspuren retuschiert.
Meine Augen und mein Lächeln strahlen lässt.
Ich zeig dir mein Gesicht,
in der Hoffnung,
dass du gütig bis

Ein Lächeln,
das sich wie eine wärmende Decke
um mein Herz legt,
das wie ein Sonnenstrahl
durch dunkle Wolken bricht,
und von Vertrauen spricht.
Mehr als tausend Worte!

Längst hat mein Angesicht schon Falten
Die Haut wird welk,
man zählt mich zu den Alten.
Doch sehnt und schwant mir noch
das Glück zu halten,
die Liebe und auch Zärtlichkeit.
Mein Herz schlägt jung,
es hat noch keine Falten.

„Hör mir zu, hör mir zu“,
flüstert der Wind in den Zweigen,
„ich erzähl dir von meinen Reisen.“
Schliesse die Augen, hör mein Rauschen.
Vergiss das Schweigen der Nacht.
Das Leben erwacht.

Herbstzeit

Abgetragen ist die Frucht der Felder
und Raben Scharen klauben das,
was liegen blieb.
Erheben sich mit schwarzen Schwingen
krächzend in den Morgennebel,
durch den die Sonnenstrahlen dringen.
Und durch den Herbstwald fegt der Wind
spielt mit den Blättern wie ein Kind.
Kahle Zweige recken trotzig sich gen Himmel
wo Regen pralle Wolken ziehn,
die sich in Pfützen wiedersehen.
Der Herbst ist da,
mit erdig süssem Duft nach reifer Frucht.
Und ja, er hat auch schöne Seiten,
Wenn Drachen durch die Lüfte gleiten
hört man hell der Kinder lachen,
die verpackt in warme Sachen
am Kartoffelfeuer steh.
Oh ja, der Herbst der ist so schön.

Novemberblues

Ich tanz im Wald
durch braune Blätter.
Novemberwetter
Doch wenn die Nebel steigen
die Wolken weiterziehen, wird's schön.
Dann will ich mich verneigen
vor dem Moment, dem Zauber innewohnt.
Tausend Tropfen glitzern in den Zweigen
und ich fühl mich reich belohnt.

Wovon mir träumt zur Winterzeit
vom Duft des Sommers im Garten
von Schmetterlingen,
den Bunten und Zarten.
Vom Zwitschern der Vögel
die Nester bauen,
dem Schattenplatz, unterm Apfelbaum.
Von fröhlichen Kindern
die niemals still sitzen,
und Kirschen aus Nachbars Garten stibitzen.
Durchs taufrische Gras
mit nackten Füßen den Tag begrüssen.
Vom Nebel früh in der Morgensonne,
von der rostigen, tröpfelnden Regentonne
in die der Sommerregen fällt.
Was für eine schöne Welt!
Will übern Regenbogen laufen,
in meine eigne Welt abtauchen.
Will unterm Sternenhimmel liegen
wo Grillen zirpen und Glühwürmchen fliegen.
Will atmen und Sein,
das Leben ist mein.

Clochard

Ich war nie auf Rosen gebettet,
Hab mein Leben beim Teufel verwettet
hab ihm Alles für Nichts gegeben.
Jetzt leb' ich die Kunst mit Nichts zu leben
Hab nicht Haus, nicht Bett noch Ofen,
bin Heimatlos und Vogelfrei.
Kann unterm Sternenhimmel pofen,
Null Arbeitsstress – UND! Email frei.
Manch einer schimpft mich einen Loser,
ein Störenfried! ein schädlich Bild!
Der aus dem Rahmen fällt,
von dem kein Mensch was hält.
Ich passe nicht in ihre Welt,
ich lebe wie es mir gefällt.

aRT
homeLess
Internationales Mail-Art-Projekt

Wie kann ein Mensch
den Mensch als Mensch erkennen?
Selbst wenn er Augen eines Adlers hat
lässt er von Stand und Tand sich blenden,
wo nur ein Blinder Durchblick hat.

Fragst du den Blinden
nach der Farbe der Rose,
so wird er sich an ihren Duft erinnern,
ohne ihn in Worte fassen zu können.
Er wird sich an die samtweichen Blätter erinnern
und an die Dornen, die ihm Schmerz bereiteten,
als er sie brach.
Er wird sich an den Flügelschlag des
Schmetterlings erinnern
der auf der Blüte sass.
Er konnte die Rose nicht sehen,
dennoch liebt er ihr Rot

Glaube

Hoffnung

Liebe

Zuversicht

und

Vertrauen

Nicht käuflich,

dennoch schützen sie die Seele mehr als

Mauern und Stacheldraht

Über den Himmeln,
da wo die Ewigkeit wohnt,
findest du deinen Stern

Verrät das Glück
dir ein Geheimnis,
ist's dir von Herzen zugetan.